vai dar CERTO

VICTOR FERNANDES

vai dar

CERTO

Reflexões inspiradoras sobre a vida da gente

academia

Copyright © Victor Fernandes, 2025
Copyright © Editora Planeta do Brasil, 2025
Todos os direitos reservados.

Preparação: Fernanda Simões Lopes
Revisão: Valquíria Matiolli e Tamiris Sene
Projeto gráfico e diagramação: Gisele Baptista de Oliveira
Capa: Gabriela Pires

DADOS INTERNACIONAIS DE CATALOGAÇÃO NA PUBLICAÇÃO (CIP)
ANGÉLICA ILACQUA CRB-8/7057

Fernandes, Victor
  Vai dar certo : reflexões inspiradoras sobre a vida da gente / Victor Fernandes. — São Paulo : Planeta do Brasil, 2025.
  160 p. : il.

  ISBN 978-85-422-2988-2

  1. Desenvolvimento pessoal 2. Sucesso 3. Devoções diárias I. Título

24-5325   CDD 158.1

Índice para catálogo sistemático:
1. Desenvolvimento pessoal

MISTO
Papel | Apoiando o manejo florestal responsável
FSC® C005648

Ao escolher este livro, você está apoiando o manejo responsável das florestas do mundo e de outras fontes controladas

2025
Todos os direitos desta edição reservados à
Editora Planeta do Brasil Ltda.
Rua Bela Cintra, 986, 4º andar – Consolação
São Paulo – SP – 01415-002
www.planetadelivros.com.br
faleconosco@editoraplaneta.com.br

*Alguém me disse
para acreditar em
tempos melhores.*

*Para todas as pessoas
que sonham grande e que
colocam coragem e esforço
para que algo dê certo.
Que este livro seja um
companheiro no caminho
e um lembrete de que
vocês conseguem.*

E se der certo?

Tem coisa que a gente
só descobre tentando.

E, talvez, errando.

Caindo.

Levantando.

Reconstruindo.

Tem coisa que a gente só
aprende indo, fazendo, sendo.

Com coragem e com medo.

Com olhos brilhando
e coração empolgado.

Com a história que a gente
tem e a bagagem que
conseguimos carregar.

Como ser humano falho,
imperfeito, que ainda
não sabe tudo.

Isso é tudo.

NOTA

Que este livro sirva como uma nota do que (não) te faz bem e, principalmente, da maneira como tem conseguido lidar com tudo isso. Escreva, rabisque e volte a ele sempre que puder. Não há dia ou hora certa para iniciar, tampouco regras ou jeito único de fazê-lo. Acima de tudo, use as próximas páginas como uma companhia corajosa, em sua jornada particular rumo à melhor versão de si, com suas mais nem tão gostosas imperfeições. Bora começar?

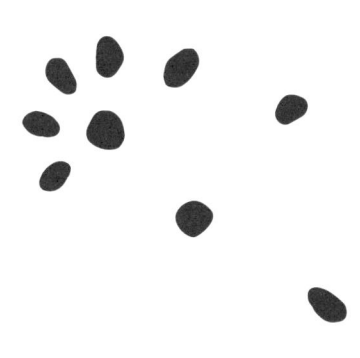

DIA: /   /

A semana, o mês, o ano. A viagem, o trabalho, o sonho. Que tudo seja melhor. Com o essencial permanecendo, com a força que existe aí crescendo, com a maturidade se tornando cada vez maior. Com a coragem que você às vezes duvida que tem, mas tem. Com os olhos brilhando, mesmo que você esteja desacostumado a isso.

Meus planos – os antigos, os novos, aqueles que ainda nem imagino que vou ter

....
....
....
....
....
....
....
....
....
....
....
....

Seus planos vão dar certo!

Que as coisas que vão mudar a sua vida para melhor aconteçam.

DIA:  / /

Que agora comece a fase que as coisas dão mais certo, que fluem, que funcionam e acontecem de um jeito bom. Que seja a fase das portas abertas, dos dias incríveis e dos momentos especiais e surpreendentes. **Que seja um ciclo de conquistas pessoais, de pequenas e grandes vitórias, de várias oportunidades de dizer "caramba, eu consegui!".**

Meus sonhos mais impensáveis (aqueles que não tenho coragem de dividir com ninguém)

....
....
....
....
....
....
....
....
....
....
....

Esteja preparado para o imprevisível!

Você está indo em busca de passos maiores, fases melhores e ciclos mais incríveis.

E vai encontrar.

DIA: /   /

Situações, coisas e pessoas que merecem minha ausência

....
....
....
....
....
....
....
....
....
....
....
....
....

Saiba o valor do seu tempo, da sua energia, da sua presença. Onde você deve investir, insistir, persistir. O que merece o seu melhor e o que merece apenas silêncio, afastamento e distância. Isso tudo é fundamental pra você não ficar em lugares e situações que não fazem bem.

Saiba o que merece a sua coragem.

O que merece o seu silêncio.

O que merece a sua distância.

O que merece o seu melhor.

DIA:

Tempo é riqueza.
Então espero que você esteja investindo bem o seu.

Situações, coisas e pessoas que merecem minha presença

....
....
....
....
....
....
....
....
....
....
....
....

DIA: /   /

O que posso fazer de melhor por mim – e pelo mundo ao meu redor?

....
....
....
....
....
....
....
....
....
....
....
....

Dê o seu melhor. Cuide. Valorize. Aproveite. Faça o bem e se faça bem. **Uma das melhores sensações é caminhar com a consciência tranquila e o coração em paz, além de ter algo dentro de você dizendo "missão cumprida".** É lindo saber que nenhuma oportunidade de ser feliz foi desperdiçada.

É lindo poder dizer "estou sendo eu mesmo... e tô gostando demais do que estou sendo".

DIA: .... / .... / ....

Um dos maiores sinais de evolução é se perceber imperfeito e não tentar fingir que é alguém melhor do que é. É assumir suas fragilidades e vulnerabilidades, porque fugir delas não adianta nada. É sobre buscar se melhorar, e não sobre ser perfeito. Tá fora de moda fingir perfeição. **Bonito mesmo é ser de verdade e tentar crescer.**

Minhas maiores (im)perfeições

....
....
....
....
....
....
....
....
....
....
....
....
....
....

Seja verdadeiro consigo!

Nos lugares certos, nossa felicidade empolga.

Nos errados, incomoda.

DIA: / /

Como posso me afastar do que não me faz bem?

....
....
....
....
....
....
....
....
....
....
....
....
....
....
....

Sua essência, sua paz, sua felicidade e suas conquistas vão incomodar. Acostume-se com isso. Às vezes, não vão gostar de você apenas porque você tá bem, porque você tem energia boa, porque você se diverte e vive com leveza ou, simplesmente, porque você é você. **Aprenda a não se importar... e siga incomodando.**

Colocar coragem em tudo e dar tempo ao tempo.

Porque vai dar certo.

Muito certo.

DIA: /   /

É sobre fazer sua parte e ter paciência. É sobre aproveitar o agora e ter gratidão. É sobre dar um passo de cada vez e atrair aquilo que você merece. **O que é pra ser, meu bem, não se atrasa, não se perde e tem o toque de Deus. É abençoado.**

Coisas pelas quais sou grato

....
....
....
....
....
....
....
....
....
....
....
....
....
....

Amém!

Em alguns momentos da vida, a única coisa que estará te separando de uma conquista é a paciência para chegar até ela.

Calma.

DIA: ▓▓▓ / ▓▓▓ / ▓▓▓

O que eu posso controlar

....
....
....
....
....
....
....
....
....
....
....
....
....
....
....
....

Lembre-se: você pode fazer muito, mas, ainda assim, você controla pouco da vida. Ela não liga para os seus planos, para o roteiro que você traçou, para o tempo que você acha ideal para certas coisas acontecerem. Planeje para ter um norte, mas saiba se equilibrar dentro daquilo que fugiu do planejamento.

DIA: ____ / ____ / ____

O que eu não posso controlar

....
....
....
....
....
....
....
....
....

Bons pensamentos para quando as coisas fogem do controle

....
....
....
....
....
....
....

Respire fundo!

Muitas coisas são incontroláveis, mas a gente sempre pode controlar o tanto que a gente se dedica, o tanto que se importa, o tanto que quer fazer dar certo.

DIA: /   /

O que é para ser

....
....
....
....
....
....

Depois que você fizer a sua parte e acalmar o seu coração, a vida vai mostrar o que é para ser e o que não é para ser.

O que não é para ser

....
....
....
....
....
....

DIA: ___ / ___ / ___

Nem a sua melhor versão será perfeita. Nem nos seus momentos mais incríveis você vai agradar todo mundo. Nem quando fizer tudo certo as pessoas vão aplaudir você. **Sempre vai ter alguém torcendo contra, sendo indiferente, subestimando a gente. Você aprende a não se importar.**

Coisas com as quais deveria parar de me importar

....

....

....

....

....

....

....

....

....

....

....

A coragem de tentar não agradar sempre é realmente incrível!

Sempre vai ter alguém torcendo contra.

Mas a sua torcida por você mesmo compensa qualquer energia ruim.

DIA: /   /

A quais lugares mereço pertencer

....
....
....
....
....
....
....
....
....
....
....
....
....
....

Lugar certo a gente encontra, mas a gente também constrói. Constrói tirando o que precisa ir, deixando o que tem que ficar, colocando para fora as energias e os pensamentos que não cabem mais ali. **Lugar certo a gente faz surgir quando entende aquilo que a gente merece.** Estar nos lugares certos começa a se tornar rotina assim.

Saber o tanto
de coisas boas
que você merece
é o primeiro
passo para
encontrá-las.

DIA: /   /

É muito bonito quando a intensidade encontra a maturidade. Você continua sendo intenso, só que agora tem a calma para direcionar melhor essa intensidade. Você não doa o melhor de você, o seu tempo, a sua energia e as suas expectativas à toa. Você evita muitos desgastes.

Lugares em que tenho desperdiçado minhas boas energias

....
....
....
....
....
....
....
....
....
....
....

Não se deixe consumir pelo que não faz bem para você!

Desejo que você encontre o equilíbrio de ser tudo isso que você é, mas sabendo a hora certa de ser cada coisa.

DIA: .... / .... / ....

Práticas de autocuidado

....
....
....
....
....
....
....
....
....
....
....
....
....
....
....
....
....
....

Nunca deixe seu mundo girar completamente em torno de algo, porque, além de sempre te machucar, vai terminar com você desnorteado e sem chão. **Viva sua vida, faça suas coisas, invista em seus sonhos e planos, se cuide bem.** Equilíbrio é tudo.

Hoje você tomou decisões que vão fazer a sua vida avançar.

Orgulhe-se disso.

DIA: /   /

Seja uma boa pessoa, mas jamais se desgaste tentando provar isso. Entenda que um coração bonito enxerga o outro e quem tem olhos de bondade sabe ver bondade, então as pessoas que se importam sempre vão conseguir enxergar de verdade o seu valor. **Seja uma boa pessoa porque você é uma boa pessoa, e deixe isso falar por você.**

Como posso ser uma pessoa melhor para mim e para os outros

....

....

....

....

....

....

....

....

....

....

....

....

Ninguém te conhece melhor do que você!

Que você não
perca tempo
tentando
provar que é um
privilégio enorme
ter você ali.

DIA: .... / .... / ....

Aprenda a cortar o mal pela raiz. Quando algo começar a te incomodar, tome alguma atitude de imediato. Não deixe crescer. Bloqueie se precisar bloquear. Afaste se precisar afastar. Não tenha medo de se posicionar. Deixar algo atrapalhar seu bem-estar e perder a sua paz não são mais opções.

Assuntos que tiram a minha paz

....
....
....
....
....
....
....
....
....
....
....
....
....

Não dê chances para o mal criar morada!

DIA: /   /

Escolhas que preciso fazer

....
....
....
....
....
....
....
....
....
....
....
....
....
....

Não adie as decisões que vão ajudar a sua vida a ser melhor de ser vivida.

DIA: ___ / ___ / ___

Como ter mais empatia comigo

....
....
....
....
....
....
....

Uma das coisas mais importantes que pode fazer por você é ser gentil consigo depois das suas falhas. **Isso significa também reconhecê-las e se melhorar como pessoa, fazendo com que seus defeitos fiquem menores e causem menos danos.**

Como ter mais empatia com o outro

....
....
....
....
....
....
....
....

Seja gentil com as pessoas, porque você não sabe a batalha do outro.

Seja gentil com você, porque você sabe as suas batalhas.

DIA: /   /

Viver é esse eterno arruma e bagunça, porque não dá mesmo pra ter tudo arrumado o tempo inteiro. **Dá pra organizar o melhor que puder, aguentar firme durante os momentos mais caóticos e, em seguida, organizar de um jeito melhor.**

Coisas que não consigo organizar agora

....
....
....
....
....
....
....
....
....
....

```
Você bagunça aqui e
arruma ali. Perde hoje
e ganha amanhã. Erra
agora e aprende depois.
Viver é isso, sabe?
```

Coisas que consigo organizar hoje

....
....
....
....
....
....
....
....
....
....

Coisas que consigo organizar amanhã

....
....
....
....
....
....
....
....
....

E está tudo bem!

Eu sei que você se cobra muito, mas que tal parar um momento para se elogiar e ter a consciência do tanto que você avançou ultimamente?

DIA: /   /

O melhor de mim hoje

....
....
....
....
....
....
....
....
....
....
....
....
....
....
....
....

Mais importante do que a consciência de que está se esforçando, é o entendimento de que o melhor de você varia o tempo todo. **Tem dia que você pode muito. Tem dia que pode menos. Tem dia que vai fazer o que dá pra fazer. E amanhã é sempre outro dia.** Outra chance.

Vão achar que teve fórmula mágica, mas a verdade é que teve você caindo e se levantando, errando e aprendendo, perdendo e, finalmente, conquistando.

DIA: ___/___/___

O lado bom da vida que consigo enxergar agora

....
....
....
....
....
....
....
....
....
....
....
....
....
....
....
....

Tudo é bênção, lição, oportunidade de amadurecer ou tudo isso junto. Não dá pra prever o que vai acontecer, mas dá pra gerir bem a forma como você reage. **Se você não consegue ver o lado bom de algo, seja o lado bom do que aconteceu contigo.**

Não faltou esforço para dar certo, faltou ser a coisa certa pra você.

DIA: /   /

Tenha um coração imenso, mas feche a porta para o que não chega para fazer bem. Filtre companhias, energias, sentimentos, conexões. **Cultive bondade e seja uma boa pessoa, mas estabeleça limites e se proteja, entendendo que nem todo mundo vai retribuir com bondade.**

Meus limites (ou a falta deles)

....
....
....
....
....
....
....
....
....
....
....
....
....

Resguarde-se!

Saiba abrir mão
de algumas coisas
para abraçar as
coisas certas
pra você.

DIA: ___ / ___ / ___

Não carregue pesos que não precisam ser carregados. Mágoas desnecessárias, sentimentos que travam a vida, ressentimentos. Só queira pra você o que é leve e saudável. Só deixe espaço para o que vem pra somar, o que faz crescer com amor, o que não atrapalha o seu equilíbrio.

Decepções que posso deixar pra trás

....
....
....
....
....
....
....
....
....
....
....

Identifique o que está pesando em seu coração!

DIA: ...... / ...... / ......

O que posso fazer sem precisar receber nada em troca

....
....
....
....
....
....
....
....
....
....
....
....
....
....

Ser bom sem esperar gratidão. Ajudar sem precisar de aplausos. Colocar amor no mundo, mesmo sabendo que nem sempre o mundo vai retribuir com amor. Sei que às vezes a gente se culpa e se sente meio tonto por isso, mas a verdade é que seu maior compromisso é com você mesmo. **É sobre dizer "hoje foi mais um dia que eu fui tudo de bom que eu podia ser".**

DIA: ..... / ..... / .....

Minhas contradições – e como conviver com elas

....
....
....
....
....
....
....
....
....
....
....
....
....
....

Não adianta dizer que mudou, tem que mostrar na prática. **Não adianta dizer que quer, tem que tentar.** Não adianta falar coisas bonitas se elas não chegam acompanhadas de atitudes bonitas. E corajosas. E coerentes. Sem se contradizer. Não adianta dizer uma coisa e fazer outra.

Palavras só
têm valor
quando chegam
acompanhadas
de atitudes.

DIA: /   /

Se prometeu, é fundamental cumprir. Principalmente pra você. **Porque a pior mentira é a que contamos para nós mesmos. Não existe falha maior do que não cumprir os acordos que você fez com você.**

Acordos que não tenho cumprido comigo mesmo

....
....
....
....
....
....
....
....
....
....
....
....
....
....

O combinado não sai caro!

Algumas palavras
não dizem nada,
alguns silêncios
respondem tudo,
algumas atitudes
mostram demais.

DIA: ___ / ___ / ___

Aquilo que só depende de mim

....
....
....
....
....
....
....
....
....
....
....
....
....
....
....

A meta que você estabeleceu para a sua vida é um compromisso sagrado com você mesmo. Claro que vai ter percalço, tropeço, desarranjo, mas **cumpra a sua parte: os seus esforços, as suas tentativas, as coisas que dependem exclusivamente das suas forças.**

Deus vai cuidar das coisas que não dependem exclusivamente de você.

DIA: /   /

Que em alguma volta que esse mundo sempre dá, você perceba que tem um potencial enorme para fazer coisas incríveis acontecerem em sua vida. **"Por onde eu começo?", acreditando.**

Ideias pequenas (e grandes) para que coisas incríveis me aconteçam

....
....
....
....
....
....
....
....
....
....
....
....
....
....

Acredite!

Coisas incríveis
às vezes vêm
de pequenas
atitudes.

DIA: ⬚ / ⬚ / ⬚

Atitudes alheias que me iluminam

....
....
....
....
....
....
....

Sei que não existe fórmula para fazer os problemas e dores desaparecerem, mas, quando você começa a se acalmar, as coisas também passam a clarear um pouquinho. **É você mesmo se iluminando. É você mesmo sendo luz no fim do túnel.** Calma.

Minhas atitudes que fazem as pessoas se iluminarem

....
....
....
....
....
....
....

Que aconteça uma reviravolta em sua vida, um recomeço bonito, algo que seja impossível não dizer: "isso foi uma enorme volta por cima".

DIA: ___ / ___ / ___

Ciclos que preciso iniciar

....
....
....
....

Saber encerrar ciclos. Essa talvez seja uma das habilidades mais importantes. Reconhecer quando algo já deu o que tinha que dar. Perceber que sua missão já foi cumprida. Ouvir que a vida tá te avisando que seu caminho agora é outro ou que algo não faz mais sentido na sua vida. **Porque ciclos terminam, você continua.**

Ciclos que estão no caminho do meio (que precisam encontrar uma solução)

....
....
....
....

Ciclos que preciso encerrar para sempre

....
....
....
....

Deixe ir o
que precisa ir,
porque o que
precisa chegar
vai deixar
tudo melhor.

DIA: ___ / ___ / ___

As melhores coisas acontecem de repente, mas o que se esquecem de dizer é que elas acontecem no tempo certo. Parecem surpreendentes, porque estamos ocupados vivendo, e não esperando por elas. **É o melhor caminho, sabe? Viver, ser feliz, se completar sem ficar esperando por algo.** Essas são as coisas mais bonitas: **das quais estamos distraídos e Deus diz "essa é a hora certa".**

Coisas que dependem só de mim

....
....
....
....
....
....
....
....
....
....
....

Tudo chega no momento certo!

Sem tempo para duvidar que o melhor vai chegar.

DIA: ____ / ____ / ____

Pessoas de quem preciso me afastar (afinal, nem todo mundo será seu amigo)

....
....
....
....
....
....
....
....
....
....
....
....
....
....

Não se perca de você. Nunca se deixe de lado. Jamais se afaste da sua essência. Seja real. Agrade as pessoas naturalmente: sem forçar, cobrar ou esconder partes suas. Entenda que algumas pessoas vão gostar de você de graça, outras, simplesmente, não vão gostar de você de jeito nenhum. E tudo bem.

DIA: .... / .... / ....

Amadurecer deixa bem clara a diferença entre esforço saudável e desgaste desnecessário. Crescer faz a gente saber onde depositar nossa persistência. Porque tem coisa pela qual vale a pena se dedicar, outras a gente se poupa e diz: "isso não serve pra mim".

O que não me cabe

....
....
....
....
....
....

O que me cabe

....
....
....
....
....
....
....

Priorize-se!

Você está superando, mesmo que não perceba isso nitidamente. Você está mais forte do que ontem, mesmo que ainda se sinta um pouco fraco. Você tá seguindo em frente, mesmo que a velocidade pareça lenta demais.

DIA: / /

Motivos pelos quais não posso desanimar

....
....
....
....
....
....
....
....
....
....
....
....
....
....
....

Promete que vai tentar acalmar esse coração apressado? Promete que vai tentar focar no presente e nas coisas que pode resolver? Promete que vai tentar racionalizar mais as coisas, em vez de agir por impulso e deixar a pressa mandar em você? **Promete que vai tentar não desanimar quando as coisas derem errado no começo?**

Que toda superação seja possível a partir de agora.
Que todas as feridas comecem a cicatrizar.
Que as dores passem.
Que os dias ruins se tornem raridade, que os momentos bons se tornem rotina, que a felicidade seja a regra, não a exceção.

DIA: .... / .... / ....

Não se culpe por fazer o que é melhor pra você. Não se culpe por priorizar sua saúde mental, sua felicidade, sua paz. Não se culpe por proteger seu coração. Não se culpe por estabelecer limites. Não se culpe por dizer "não". **Não se culpe por fazer escolhas que vão te fazer bem.**

O que tenho feito pela minha saúde mental

....
....
....
....
....
....
....
....
....
....
....
....
....
....

Cuide-se!

DIA: ___ / ___ / ___

Embora você ainda não esteja onde você quer estar, embora haja tantas coisas que você ainda quer conquistar, embora você ainda tenha muitos planos, metas, objetivos e coisas pra melhorar, **eu só quero que você saiba que você já é incrível demais hoje.**

Motivos pelos quais eu me acho incrível

....
....
....
....
....
....
....
....
....
....
....
....
....
....

Brilhe!

Quando precisar se lembrar de detalhes incríveis da vida, se olhe no espelho.

DIA: /   /

Como a gentileza tem feito parte da minha vida

....
....
....
....
....
....
....
....
....
....
....
....
....
....
....
....

A gente nunca sabe o tipo de gatilho que desperta nas pessoas. Às vezes somos a última barreira entre a pessoa ter um dia péssimo ou ter um dia menos ruim. **Então, sempre que puder escolher as palavras mais gentis, os gestos mais bacanas ou simplesmente agir com empatia, faça isso.**

DIA: .... / .... / ....

Situações em que não tenho me permitido ser gentil

....
....
....
....
....
....
....
....
....
....
....
....
....
....

Gentileza e educação encantam. Ser real seduz. Atenção e cuidado fortalecem qualquer vínculo. Empatia acalma a alma. **Às vezes, a gente precisa lembrar ao mundo: ter coração bonito é riqueza, agir com bondade é incrível, ser uma pessoa bacana é sempre o caminho certo.** Não tem nada mais lindo do que tentar ser alguém que faz bem.

DIA: / /

Momentos em que eu não me achei tão legal assim

....
....
....
....
....
....
....
....
....
....
....
....
....
....

Você é uma pessoa boa, com uma alma bonita, com atitudes, às vezes, não tão incríveis como você gostaria de ter, e tá tudo bem. Você tá crescendo. Você tá construindo versões suas melhores. Tá se curando de algumas coisas que talvez só você saiba. Tenha paciência e empatia com você.

Que você tenha coragem para tomar aquelas decisões que ninguém vai entender no começo, mas que você sabe que são a coisa certa pra você.

DIA: ___ / ___ / ___

A gente amadurece e fica cada vez mais seletivo, mais sereno na hora de fazer escolhas, pensando mil vezes antes de deixar pessoas entrarem no nosso mundo, cada vez mais rígidos com quem nós dividimos o tempo, os sentimentos e a energia. **O nosso melhor vai para menos gente.**

Pessoas a quem quero dedicar meu tempo

....
....
....
....
....
....
....
....
....
....
....
....
....
....

Seu tempo é precioso!

Saiba se poupar, senão vai faltar energia para as coisas certas.

DIA: ⬜ / ⬜ / ⬜

Viva o agora, faça o melhor hoje e ande com a certeza de que o amanhã é uma consequência. Você está plantando o que vai colher no futuro, mas não precisa viver de expectativas, você precisa viver de presente. **O passado já foi e o futuro a Deus pertence.** A única coisa que lhe cabe é a sua parte, e fazê-la já é muito, acredite.

Atividades que me dão prazer de verdade

....
....
....
....
....
....
....
....
....
....
....
....
....

Você já se permitiu estar presente no hoje?

DIA: /   /

Meus arrependimentos – ou aquilo que ainda não me permito esquecer

....
....
....
....
....
....
....
....
....
....
....
....
....
....

É bonito entender que, em determinadas situações, você fez o que pôde na época, com a maturidade que tinha naquele momento, e que **agora você faria diferente, porque cresceu, amadureceu, aprendeu com os erros e teve lições**. É lindo demais perdoar as suas versões menos maduras.

DIA: ⬚ / ⬚ / ⬚

Companhias com quem não me sinto confortável – e por que ainda continuo me relacionando com elas

....
....
....
....
....
....
....
....
....
....
....
....
....
....

Lembre-se: nenhum desconforto é à toa. Seu corpo e sua intuição avisam você. Sua alma sente. Quando você está no lugar errado ou com as companhias erradas, tudo em você dá sinal. As coisas ficam pesadas. **Nos lugares e com as companhias que lhe fazem bem, você imediatamente sente alguma espécie de conforto.**

Fique em paz com as suas decisões se você as tomar com a intenção de ficar bem, de encontrar leveza, de deixar sua vida um pouco melhor.

DIA: /   /

Talvez este seja um dos conselhos mais úteis: escolha ter paz. Razão cada um acha que tem a sua, então deixe cada um pensar e agir como quiser. Selecione bem as suas batalhas.

Quais são as principais batalhas da minha vida hoje

....
....
....
....
....
....
....
....
....

Se você escolheu ter paz, fez a escolha certa.

DIA: /   /

Encerrar ciclos não é uma tarefa simples ou fácil, mas que passos você pode dar hoje para que isso aconteça? O que cabe a você na sua superação? **Que coisas só você pode fazer pelo seu bem--estar? Em quais áreas da sua vida só você mesmo pode ser seu herói?**

Coisas que eu posso fazer pelo meu bem-estar

....
....
....
....
....
....
....
....
....
....
....
....

É você por você!

DIA: / /

Meus propósitos – ou o que quero deixar como herança para o mundo

....
....
....
....
....
....
....
....
....
....
....
....
....

É preciso ter muita maturidade para entender que **às vezes aquilo que você quer muito não é a coisa certa pra você**. A vida não é apenas sobre querer, é sobre as coisas saudáveis, os propósitos, os planos de Deus. Perceba os sinais, veja com mais clareza, enxergue a realidade.

DIA: .... / .... / ....

Minhas lembranças de momentos ruins e o que aprendi com eles

....
....
....
....
....
....
....
....
....
....
....
....
....

Você não é esse momento ruim pelo qual está passando. A vida também não se resume aos momentos bons que você está vivendo. A felicidade é uma soma de pequenos momentos, pequenas alegrias e pequenas tristezas que ensinam demais, demais, demais. **Sua vida não será eternamente esse momento, feliz ou infelizmente.**

DIA: ___ / ___ / ___

O que é fundamental para mim

....
....
....
....
....
....

É tão bom quando o tempo mostra que nossas escolhas foram corretas. É tão bom saber que o que parecia o fim do mundo não foi. É tão bom perceber que a gente fica bem sem coisas que pareciam fundamentais. É tão bom sentir que o coração cicatriza. É tão bom ver que os recomeços acontecem.

O que realmente é fundamental para mim

....
....
....
....
....
....

Espere o tempo certo!

Tem coisa que
a gente perde.

Tem coisa de que
a gente se livra.

E tem a que
prepara a gente
para coisas
melhores.

DIA: ___ / ___ / ___

A que ou a quem eu posso agradecer hoje

....
....
....
....
....
....
....
....
....
....
....
....
....
....
....
....

Sei que você tenta não pensar muito positivo para não se surpreender com o que vier, mas eu tenho certeza de que muitas notícias boas vão rolar. Novos motivos para sorrir, novas razões para acreditar, novas chances de evoluir e crescer, novas conquistas, novas bênçãos, novas possibilidades pelas quais agradecer.

DIA: /   /

Hoje é um belo dia para organizar tudo de uma forma melhor. **Hoje** é um belo dia para catalogar o que precisa ir em outra direção e o que é essencial pra você. **Hoje** é um belo dia para uma reforma, mesmo que algumas mudanças demorem um tempo para serem percebidas.

O que eu posso arranjar de maneira diferente hoje

....

....

....

....

....

....

....

....

....

....

....

....

Reordene-se!

— você mudou, né?
— foi pro meu bem.

Seja pra você aquela coisa boa que nunca foram contigo.

DIA: /   /

Na maior parte do caminho é você que vai precisar se levar até o próximo ponto. É você que vai precisar se levantar, se sacudir, se impulsionar. **É você por você, e isso não é solidão nem falta de apoio e de respaldo, é apenas a constatação de que tem muito da vida que é responsabilidade exclusivamente sua.**

Aquilo que depende apenas de mim

....
....
....
....
....
....
....
....
....
....
....
....
....

Levante-se!

Amadurecer, às vezes, fica desconfortável mesmo, mas continue confiando no processo e nas coisas boas que sempre resultam dele.

DIA: ▢ / ▢ / ▢

O que precisa ser curado em mim

....
....
....
....
....
....

O que tenho feito para desenvolver meu processo de cura

....
....
....
....
....
....
....

Quando você está em processo de reconstrução e de cura, ele afeta tudo que você faz. É normal. Faz parte. O importante é que você está restabelecendo o equilíbrio. Quando ele voltar inteiramente, **tudo vai fluir melhor em todas as áreas de sua vida**.

DIA: /   /

A última lição que aprendi com a vida – ou o que tenho me permitido aprender com ela

....
....
....
....
....
....
....
....
....
....
....
....
....
....

Você não precisa que tudo dê certo, porque nunca tudo vai dar certo. Sempre vai ter uma pequena bagunça, sempre vai ter algo a ser melhorado, sempre vai ter uma lição nova chegando. Sempre vai ter uma parte da vida que não vai estar do jeito que você gostaria. Nada vai ser perfeito. **Vai ser incrível, vai ser saudável, vai ser bom e vai, principalmente, ser imperfeito.**

DIA: /   /

Reclame, se chateie, fique uns dias meio borocoxô, mas depois **tente enxergar o que a vida quer te dizer, o que as coisas podem ensinar, o tipo de amadurecimento que as situações possibilitam**. Isso é o mais próximo de uma solução mágica em que você vai estar.

> Espaço para reclamações (e tá tudo bem!)
>
> ....
> ....
> ....
> ....
> ....
> ....
> ....
> ....
> ....
> ....
> ....
> ....
> ....
>
> Às vezes, é o que tem pra hoje!

DIA: ___ / ___ / ___

Seja conhecido pela sua gentileza, pelo cuidado e pelo respeito que você tem ao tocar corações, pela sua honestidade, pelo seu bom caráter, pela energia boa que você coloca no mundo e na vida das pessoas. **É isso que sempre vai importar. O tanto que você agrega com coisas que não têm preço.**

Lugares e situações em que minha presença tem feito a diferença

....
....
....
....
....
....
....
....
....
....
....
....

O elogio nem sempre virá do outro!

DIA: / /

Desconfortos que tenho carregado

....
....
....
....
....
....
....
....
....
....
....
....
....
....
....

Aprender a deixar algumas coisas pra lá o faz chegar mais leve aos lugares certos pra você. Tem peso que não precisa ser carregado. Tem resposta que não merece ser dada. Tem atitude que deve ser substituída pelo mais simples ficar de boa e deixar o mundo girar. E ele gira, viu?

Tudo tem consequência. Dizer ou não dizer. Agir ou não agir. Tentar ou não tentar. Tudo.

DIA: /   /

Maneiras como reajo a eventos desagradáveis

....
....
....
....
....

Emoções que tenho silenciado

....
....
....
....

Situações que merecem meu silêncio

....
....
....
....

Seu silêncio vai responder a tantas coisas nessa vida. Muitos momentos serão sobre calar e agir. Outros serão sobre saber poupar palavras e dizer somente o necessário.

As palavras
certas são ouro.
Os silêncios certos
são diamante.
A sua paz é
inestimável.

Às vezes, vai parecer que tudo melhorou de uma hora pra outra, mas só você sabe o tanto que caminhou para chegar até ali.

DIA: ___ / ___ / ___

A vida off-line dá trabalho e faz a vida que a gente mostra on-line até parecer fácil. Ninguém sabe 1% da coragem que precisamos ter, da força que precisamos encontrar, da energia que, às vezes, falta e precisamos continuar caminhando mesmo assim. **Ninguém sabe o tanto que estamos sendo incríveis nos bastidores, no silêncio, enfrentando coisas que só a gente tem a dimensão.**

Meus momentos que parecem mais felizes no on-line *versus* off-line

....
....
....
....
....
....
....
....
....
....
....

Sua felicidade não depende de uma curtida!

A sensação boa de saber que tentou, que se esforçou, que deu o seu melhor. Nada pode tirá-la de você.

De tempos em tempos, a vida vai te pedir mudança e, principalmente, coragem pra mudar.

DIA: .... / .... / ....

Sabe aquele silêncio desconfortável que fica nos fones de ouvido depois que a playlist acaba e a música para? Você continua com os fones, apesar de não haver mais algo bom acontecendo. Isso ocorre com algumas histórias e sentimentos. Você permanece ali, mas as coisas já terminaram. Novas músicas precisam tocar. Você precisa ir.

Músicas que sempre me fazem sorrir

....
....
....
....
....
....
....
....
....
....
....
....

Deixe-se levar!

Sei que você ainda quer conquistar muitas coisas, mas não se esqueça de dar valor ao que já tem. Você orou e se esforçou por isso.

DIA: ▨ / ▨ / ▨

Motivos para me celebrar – e ideias de como fazer isso agora

....
....
....
....
....
....
....
....
....
....
....
....
....
....
....

Que a gente não precise perder pra dar valor. Que a gente saiba a sorte que tem no exato momento em que estivermos vivendo aquilo. Que a gente tenha gratidão. Que sempre seja possível dizer "eu era feliz e sabia". Ou melhor, dizer "eu sou feliz e sei".

Nem todo esforço
do mundo é capaz
de conquistar
aquilo que não
é pra ser seu.

DIA: ▢ / ▢ / ▢

Para as pessoas erradas, o seu melhor não vai significar nada, o seu esforço não vai significar nada, os seus acertos não vão significar nada, os seus sentimentos não vão significar nada. **Não importa o que você faça, as pessoas erradas não vão saber apreciar, valorizar ou gostar.** E o problema não está em você, porque, meu bem, como eu disse: elas são as pessoas erradas.

> As pessoas erradas da minha vida – ou os motivos pelos quais ainda me importo com elas
>
> ....
> ....
> ....
> ....
> ....

`Tem gente que nunca vai te admirar, mesmo que você faça infinitas coisas boas. É sobre elas, não sobre seu valor.`

Não buscar
a perfeição,
porque ela é
inalcançável.
Buscar a bondade e
a coragem, porque
elas sempre são
possíveis.

DIA: .... / .... / ....

Momentos e atividades em que me permito ser quem sou

....
....
....
....
....

Ser leve é andar lotado de sentimentos bons, de autoconhecimento, de paz. Ser forte é lidar com as situações com coragem, mas também aceitar os momentos de ser vulnerável, entendendo que é frágil e humano.

Liberdade para mim é...

....
....
....
....
....

Ser feliz é saber que a vida é imperfeita, que nem todos os momentos serão fáceis, mas dá pra sorrir e se alegrar no meio disso tudo. Sempre.

Equilibrar profundidade e leveza, seriedade e diversão, coração em paz e empolgação. Tudo na mesma pessoa. Porque você merece ser tudo.

DIA: ▓▓▓ / ▓▓▓ / ▓▓▓

O tempo vai fazer a parte dele.
Faça a sua.

Maneiras como tenho usado meu tempo – ou o que tem restado de tempo pra mim

....
....
....
....
....
....
....
....

Seja amigo do tempo. Entenda que ele está passando, e que isso não é uma afronta. É apenas o que ele sabe fazer: passar. Ele sempre passa. É inevitável. Aí cura, ensina, responde. No meio disso tudo, você vive, sorri, chora, cresce. **Não dá pra lutar contra ele, dá pra fazer a sua parte e viver do melhor jeito que puder.**

Que cada situação te permita se tornar mais sábio e mais forte, mesmo que você demore para perceber as maneiras de fazer isso.

DIA: .... / .... / ....

Se as coisas estiverem indo mal, faça o bem. Faça o bem mesmo que ele pareça pequeno ou insignificante. Faça o bem mesmo que você sinta que não pode fazer muito. Faça o bem dentro das suas possibilidades, da sua capacidade no momento, da sua força disponível. **Faça o bem, já que esse é o único caminho do bem te encontrar.**

Como eu tenho ajudado outras pessoas
(amigos, familiares, instituições)

....
....
....
....
....
....
....
....
....
....
....

Faça o bem!

Quando as coisas estiverem indo mal, faça o bem.

Quando as coisas estiverem indo bem, seja bom em dobro.

DIA: ▢ / ▢ / ▢

Minhas características físicas de que não gosto ou que gostaria de mudar

....
....
....
....
....
....

O seu melhor ângulo sempre será aquele que você consegue transbordar a sua beleza interior, a sua verdade, a sua essência. **Seu lado de fora é lindo, mas é interiormente que a mágica realmente acontece.**

Características físicas minhas que amo e não mudaria de jeito nenhum

....
....
....
....
....
....
....

Motivos pelos quais tenho priorizado minha aparência em detrimento do que levo por dentro

....
....
....
....
....
....
....
....
....
....
....
....
....
....

Todo mundo fica bonito com uma boa luz, e ela vem de dentro.

DIA: / /

Coisas que gostaria de fazer hoje

....
....
....
....
....
....
....
....
....
....
....
....
....
....

Não gosto dessa coisa de viver cada dia como se fosse o último, mas acho importante **viver cada dia com a certeza de que cada dia importa muito**. Saber que há algo bom em cada fase, em cada etapa, em cada ciclo. Que é possível encontrar beleza nos dias nublados e nos lugares em que a vista não é tão bonita. **Que mesmo nos dias mais comuns há uma possibilidade real de ser o melhor que se pode.**

Não perde quem
faz o bem, perde
quem termina o dia
sem ter orgulho
de si mesmo.

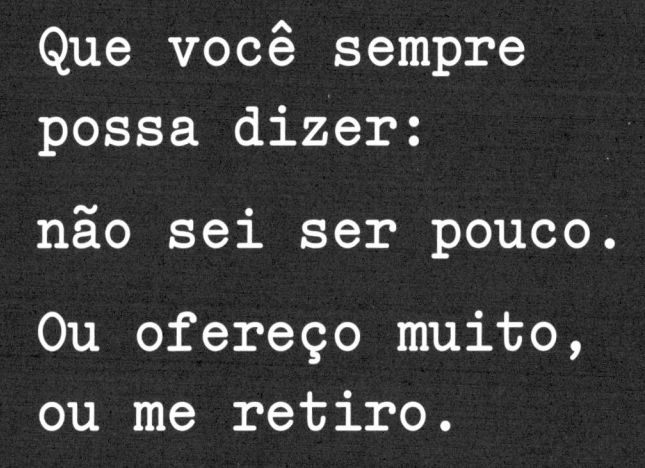

Que você sempre
possa dizer:
não sei ser pouco.
Ou ofereço muito,
ou me retiro.

DIA: .... / .... / ....

Minhas expectativas – e o que eu tenho feito a respeito delas

....
....
....
....
....
....
....
....
....
....
....
....
....
....

Se você está esperando algo, espere vivendo, não espere deixando sua vida parada. Espere ficando bem hoje. Espere sem depositar sua felicidade naquilo que você está esperando. Espere com o coração tranquilo, sem pressa e sem pressão. **Espere sem tornar sua vida uma grande espera.**

Tem tanta coisa que você vai começar ruim, depois vai se tornar mais ou menos e, após muito esforço e tentativas, vai se tornar bom.
A vida quase sempre é sobre etapas e processos.

DIA: ___ / ___ / ___

Um dia você vai olhar pra trás e perceber que existem várias coisas que antigamente orava pra ter. Vai perceber também que elas chegaram no tempo certo. Vai se lembrar do seu esforço e vai se orgulhar disso. **Vai ter noção também de que aconteceram coisas melhores do que as que você planejou.**

Meus planos e objetivos alcançados

....
....
....
....
....
....
....
....
....
....
....
....
....

Comemore o seu sucesso!

A vida também será feita de roteiros rasgados, de planos alterados, de "antes eu queria, mas agora isso não combina mais comigo".

DIA: ___ / ___ / ___

Ver beleza nas coisas simples. Dar risada de bobagens. Agradecer por cada bênção, até pelas que você não entende no momento. Comemorar conquistas que parecem pequenas. Não ter medo de parecer ridículo. Tirar foto de paisagens, de comidas, de momentos. Registrar, principalmente no coração. Viver, sobretudo viver. **Intensamente, plenamente, profundamente.**

Momentos que têm merecido o meu registro
(ou as últimas imagens da minha pasta de fotos)

....
....
....
....
....
....
....
....
....
....
....
....

Tire uma foto sua agora!

Tentar, errar, cair, levantar, aprender, tentar de novo. Tem muita beleza nisso.

DIA: /   /

Minhas inspirações

....
....
....
....
....
....
....
....
....
....
....
....
....
....
....
....

Acordar todos os dias querendo e tentando ser alguém melhor já é um grande passo. Tentar ser melhor do que suas versões anteriores, se perdoando por não ter tido maturidade antes. Tentar ser melhor do que se é, sem se comparar demais, apenas se inspirando e sabendo que seu caminho é único. O de todo mundo é.

Você tinha motivos para se tornar alguém pior, mas foi lá e encontrou maneiras de se tornar melhor. Isso também é vencer na vida.

DIA: /   /

A gente fala de Deus todas as vezes que fazemos o bem. Falamos de Deus por meio da nossa empatia, do nosso cuidado com as pessoas, da atenção que oferecemos, da nossa gentileza, da energia boa que colocamos no mundo. **Falar de Deus é mais do que usar palavras, é ser amor na prática.**

Momentos em que consigo perceber Deus na minha vida

....
....
....
....
....
....
....
....
....
....
....
....
....

Que assim seja!

DIA: .... / .... / ....

Você vai ter dias chuvosos e muitas fases de sol. Vai ter momentos de voar alto em direção aos seus sonhos e ciclos de preparação. Vai abrir mão de algumas coisas enquanto abraça outras. Vai rir para não chorar e também vai chorar de alegria. **Viver, meu bem, é esse carrossel de momentos, situações e de "aguente firme, vai passar".**

Situações em que não tenho conseguido "aguentar firme"

....
....
....
....
....
....
....
....
....
....
....

Isso vai passar!

Às vezes, a gente só precisa dizer pra si mesmo:

"aguente firme, que a próxima fase será incrível".

DIA: ____ / ____ / ____

Circunstâncias desconfortáveis que não tenho mais aceitado

....
....
....
....
....
....
....
....
....
....
....
....
....
....

As melhores fases da sua vida sempre vêm depois de você estabelecer limites daquilo que quer, do que aceita e faz bem pra você. **Tem uma vida melhor depois de aprender a dizer "não", lugares melhores depois de definir o que merece, companhias melhores depois de estabelecer o que te faz bem.**

Nem tudo que você encontra no caminho foi feito para ficar na sua vida.

Quando você falha, o que vai dizer se deu errado ou não é a sua capacidade de aprender com isso. Dá errado quando você não extrai lição.

DIA: ⬜ / ⬜ / ⬜

Coisas que deram errado (mas foram boas pra mim)

....
....
....
....
....
....
....
....
....
....
....
....
....
....
....
....

Foi importante entender que algumas coisas não deram errado. Elas terminaram depois de cumprirem o seu papel. Não é porque não foi tudo como eu queria que deu errado. **Deu certo porque foi a coisa certa para aquele momento.**

Você sempre
vai conseguir
perceber o que é
essencial, o que
merece um lugar e
o que precisa ir.

DIA: ☐ / ☐ / ☐

Cada um sabe a parte linda e a parte triste do próprio caminho. Sabe o que é incrível e o que é doloroso, o que é complicado e o que é maravilhoso, o que foi caro conquistar e o que foi leve de ser vivido. **Por mais que você explique, tem coisa que só você entende. Só você.**

Minhas maiores dores

....
....
....
....
....
....
....
....
....
....
....
....
....

Desabafe!

Não dá para apressar alguns processos, não dá para forçar algumas mudanças. Tem coisa que é só com o tempo e com um passo de cada vez.

DIA: /   /

Meus sinais de maturidade – ou como o processo, às vezes, é mais importante do que o destino final

....
....
....
....
....
....
....
....
....
....
....
....
....
....

A maturidade ensina que **mais importante do que a velocidade que a gente chega a determinados lugares, é como a gente chega a eles**. É sobre chegar bem e saudável, e aproveitar o caminho, não sobre pressa ou o ritmo dos outros.

Cada passo tem importância.
Às vezes, parece que foi apenas um degrau, mas foi justamente ele que possibilitou o salto que mudou de vez o caminho.

DIA: /   /

Todos os dias a vida nos oferece recomeços e novas chances. Todos os dias há lembretes de que estamos em constante renovação. Todos os dias a gente consegue perceber nitidamente que, apesar de tudo, coisas boas acontecem. Coisas enormes e outras bem simples. Coisas fantásticas e outras maravilhosamente corriqueiras. **É sobre deixar os olhos treinados para que o incrível não passe despercebido.**

Conquistas simples (e grandes) que tenho deixado passar despercebidas

....
....
....
....
....
....
....
....
....
....

Recomece!

Que você tenha na sua rotina coisas que deixem a vida extraordinária.

DIA: /   /

A vida algumas vezes pede mergulho e outras que sentemos na beira. Ouvir o barulho das ondas e diminuir o barulho interno. Encontrar o ritmo certo. Ritmo certo pra viver e sentir. Ritmo certo pra esperar e realinhar expectativas. Ritmo certo para se dar tempo de pensar e repensar, e de encontrar as respostas de que precisa. De vez em quando, o nosso maior ato de autocuidado é parar tudo por uns momentos e deixar a maré baixar um pouco. Aí nos preenchemos com coisas melhores.

Momentos em que me permito parar – ou preciso parar por um instante

....
....
....
....
....
....
....
....
....

Respeite seu tempo!

Que você encontre
em cada fase
portas abertas,
oportunidades boas
e uma versão sua
forte e corajosa.

Obrigado por ter me permitido ser um companheiro seguro na sua caminhada. Respire fundo e tenha certeza: vai dar tudo certo!

**Acreditamos
nos livros**

Este livro foi composto em BentonSans e
impresso pela Gráfica Santa Marta para a Editora
Planeta do Brasil em dezembro de 2024.